오늘의
샐러드 토핑

오늘의
샐러드 토핑

초판 인쇄일 2015년 5월 11일
초판 발행일 2015년 5월 20일

지은이 후지이 메구미
발행인 박정모
등록번호 제9-295호
발행처 도서출판 혜지원
주소 (413-120) 경기도 파주시 회동길 445-4(문발동 638) 302호
전화 031)955-9221~5 팩스 031)955-9220
홈페이지 www.hyejiwon.co.kr

기획 · 번역 송유선
디자인 김보라, 김성혜
영업마케팅 김남권, 황대일, 서지영
ISBN 978-89-8379-856-5
정가 9,000원

이 도서의 국립중앙도서관 출판예정도서목록(CIP)은 서지정보유통지원시스템 홈페이지(http://seoji.nl.go.kr)와
국가자료공동목록시스템(http://www.nl.go.kr/kolisnet)에서 이용하실 수 있습니다.(CIP제어번호 : CIP2015012450)

오늘의
샐러드 토핑

TODAY'S SALAD TOPPING

혜지원

우리 집에 있는 그 야채에
이것저것 얹기만 하면
맛있는 샐러드가 완성된다니!

야채를 가볍게 듬뿍 먹을 수 있는 샐러드.
하지만 항상 같은 드레싱에, 같은 재료로만 만들게 되죠.
그런 고민에는 바로 '얹는 것'이 정답입니다.
익숙한 야채에 냉장고 안에 있는 이런저런 재료를
척척 올리기만 하면 돼요.

야채에 맛이 배거나 부드러워졌다면 섞어서 먹어 보세요.
또 다른 느낌의 샐러드를 맛볼 수 있어요.
얹으면 발견되는 아찔한 창작 샐러드의 세계.
야채의 새로운 맛을 만날 수 있을 거예요!

이 책의 사용법

1컵은 200ml, 1큰술은 15ml, 1작은술은 5ml입니다.
'한 꼬집'이란 엄지와 검지, 중지의 세 손가락으로 가볍게 집은 양을 가리킵니다.

전자레인지의 가열 시간은 600W 제품을 기준으로 하고 있습니다.
500W의 경우는 그의 1.2배 시간을 기준으로 해 주세요.
기종에 따라서는 다소 차가 생길 수도 있습니다.

올리브유는 '엑스트라 버진 올리브유'를 사용하고 있습니다.
육수는 다시마, 가다랑어포, 말린 멸치 등으로 우려낸 것을 사용해 주세요.

차례

② 반찬으로도 먹을 수 있는 **저녁 샐러드 토핑**

재료가 가득 담긴 드레싱

얼얼한 맛의 타바스코가 식욕을 돋우어주는

살사 드레싱

●재료(약 1컵분)
토마토(큼직하게 썬 것)
··· 중간 크기 1개
A | 양파(큼직하게 썬 것) ··· 1/8개
  | 화이트와인 비니거
  | (혹은 식초) ··· 3큰술
소금, 꿀, 타바스코 ··· 각 1작은술
고수(잘게 다진 것) ··· 2줄기

●만드는 법
A는 합쳐서 5분 정도 두고,
고수 이외의 재료와 함께
믹서에 간 후 고수를 섞는다.
※냉장실에서 3일 정도
 보관할 수 있다.
 아보카도와 삶은 달걀,
 양상추와 토르티야 칩,
 감자튀김에 뿌려 먹으면 맛있다.

달콤하고 짭짜래한 맛과 어우러진 바삭바삭한 멸치!

멸치 드레싱

●재료(약 1컵분)
잔멸치 ··· 1/2컵
A | 생강(잘게 썬 것) ··· 2쪽
  | 빨간 고추(송송 썬 것) ··· 1개
B | 간장 ··· 2큰술
  | 설탕 ··· 2작은술
샐러드유, 식초 ··· 각 4큰술

●만드는 법
작은 프라이팬에 샐러드유,
잔멸치를 넣어 중불에서 볶고,
A를 넣어 향이 나면 B를 섞은 다음
불을 끄고 식초를 섞는다.
※식으면 병에 넣어 냉장실에서
 1주일 정도 보관할 수 있다.
 양상추, 오이, 마, 삶은 감자에
 뿌려 먹으면 맛있다.

파, 마늘, 간장이 들어간

중화 드레싱

●재료(약 1컵분)
파(잘게 다진 것) ··· 1/2대
마늘, 생강(잘게 다진 것) ··· 각 2쪽
식초 ··· 5큰술
간장 ··· 3큰술
설탕 ··· 2큰술
참기름 ··· 1큰술

●만드는 법
재료를 전부 잘 섞는다.
※냉장실에서 1주일 정도
 보관할 수 있다.
 잎채소 위에 구운 고기나
 닭고기 튀김을 올린 다음
 뿌리거나 아무것도 입히지 않고
 튀긴 채소, 굽거나 튀긴 생선에
 뿌려 먹으면 맛있다.

전자레인지에 돌려 단맛이 배가된

당근 드레싱

●재료(약 1컵분)
당근(큼직하게 썬 것) ··· 1개
양파(큼직하게 썬 것) ··· 1/8개
화이트와인 비니거(혹은 식초)
 ··· 4큰술
올리브유, 참기름 ··· 각 2큰술
소금, 꿀 ··· 각 1작은술
굵게 간 후추 ··· 약간

●만드는 법
당근은 랩을 씌워
전자레인지로 2분 가열하고,
나머지 재료와 함께 믹서로 간다.
※냉장실에서 1주일 정도
 보관할 수 있다.
 큼직하게 썬 양배추, 스위트콘,
 튀긴 두부에 뿌려 먹으면 맛있다.

후딱후딱 빠르게!

1 아침
샐러드 토핑

바쁜 아침에도 빠르게 만들어 낼 수 있는 샐러드만 모았습니다.
야채를 썰어서 전자레인지에 돌린 다음 섞기만 하면 돼요.
불에 익힐 필요도 없어 아주 재빠르게 완성할 수 있어요.
아침 식사에서 제대로 야채를 섭취하기만 해도 배 속의 상태가 좋아질뿐더러
저칼로리이기 때문에 다이어트를 하는 분들에게도 적극 추천합니다.

양배추,
멸치, 김

양배추는 그릇에 담으면서
소금을 뿌리면 골고루 맛이 뱁니다.
양배추와 멸치, 김만으로도 심플하고 괜찮지만
가다랑어포나 깨를 넣어도 맛있어요.

●**재료(2인분)**

양배추(먹기 좋게 찢은 것) … 큰 것 4장

소금 … 1/4작은술

A │ 멸치 … 3큰술
  │ 구운 김(찢은 것) … 1장

참기름 … 2작은술

 그릇에 양배추를 담으면서
소금을 뿌리고 A를 올린 다음
참기름을 뿌린다.

양배추, 참치, 피클

참치에 레몬즙을 넣는 것이 포인트로,
피클의 신맛과 서로 어울려 뒷맛이 산뜻해요.
야채는 양상추나 오이, 토마토 혹은
슬라이스한 양파로 만들어도 좋아요.

잘게 다져 마요네즈와 양
파, 달걀 등을 넣어 섞으
면 타르타르소스를 만들
수 있다. 얇게 슬라이스해
서 삶은 달걀에 올려 먹어
도 맛있다.

● **재료(2인분)**

양배추(잘게 썬 것) … 큰 것 4장

A | 참치캔(기름기를 가볍게 없앤 것)
　 … 작은 것 1캔(80g)
　 피클(얇게 썬 것) … 3개
　 레몬즙(혹은 식초) … 2작은술
　 소금 … 약간

굵게 간 후추 … 약간

 그릇에 양배추를 담고
섞어 둔 A를 올린 후
후추를 뿌린다.

양배추,
염장다시마,
온천달걀

양배추에 간이 되어 있는 염장다시마를 올리면
몇 접시라도 먹을 수 있을 것 같아요.
간장 대신 참기름을 넣어도 좋아요.
양배추 외에 당근이나 무로도 만들어 보세요.

●**재료(2인분)**

양배추(채친 것) … 큰 것 4장
염장다시마 … 2꼬집
온천달걀 … 1개
간장 … 1작은술

 그릇에 양배추를 담고 염장다시마,
온천달걀을 올리고 간장을 뿌린다.

염장다시마는 다시마를
간장과 설탕으로 조린 다
음 건조시켜 소금을 입힌
것이다. 주먹밥은 물론 무
침으로 만들어 먹어도 맛
있다.

양상추,
참치, 김치

야채는 양배추나 채친 무를 사용해도 돼요.
마요네즈를 약간 넣으면
김치 특유의 맛과 매운맛을 부드럽게 만들어 줍니다.
참치 김치는 야채는 물론 밥에 올려 먹어도 맛있어요.

●재료(2인분)

양상추(큼직하게 찢은 것) … 1/2개

A | 참치캔(기름기를 가볍게 없앤 것)

　 … 작은 것 1캔(80g)

　 김치(큼직하게 썬 것) … 1/2컵(100g)

　 마요네즈 … 1큰술

　 볶은 깨 … 약간

1 그릇에 양상추를 담고
섞어 둔 A를 올린 다음
깨를 뿌린다.

양상추,
마요네즈 폰즈,
게맛살

1 그릇에 양상추를 담고 게맛살을 올린 후 섞어 둔 A와 시치미를 뿌린다.

맛깔스런 게맛살을 올리면 푸짐해 보이기까지 해요.
일본의 향신료인 시치미로 전체적인 맛을 끌어내 봅니다.
양배추나 양파, 구운 가지로 만들어도 맛있어요.

● **재료(2인분)**

양상추(큼직하게 썬 것) ··· 1/2개

게맛살(찢은 것) ··· 4개

A 마요네즈 ··· 2큰술

폰즈 간장 ··· 1큰술

시치미* ··· 약간

● 시치미 : 고춧가루, 후춧가루, 검은깨, 산초, 겨자, 대마씨, 진피 등
7가지의 재료로 만든 일본의 조미료

16

상추,
가다랑어포,
치즈

가다랑어포와 치즈, 간장은
맛있을 수밖에 없는 환상의 조합이에요.
양상추나 오이, 삶은 숙주나물 등
담백한 야채와 잘 어울려요.

● **재료(2인분)**

상추(한입 크기로 찢은 것) … 4장

A | 가다랑어포 … 1팩(5g)
　 | 프로세스 치즈(1cm 각으로 자른 것) … 40g
　 | 볶은 깨(간 것) … 2큰술

간장 … 2작은술

① 그릇에 상추를 담고
　 A를 올린 다음 간장을 뿌린다.

오이,
어묵,
겨자 마요네즈

대롱어묵과 겨자 마요네즈 소스는
최강의 콤비를 자랑합니다.
오이는 큼직하게 썰어 두드려 두면
물기가 생기지 않아요.

● **재료(2인분)**

오이(막대로 두드려 한입 크기로 자른 것) … 2개

A | 대롱어묵(1cm 폭으로 썬 것) … 2개
　 | 마요네즈 … 2큰술
　 | 씨겨자 … 1작은술

① 그릇에 오이를 담고 섞어 둔 A를 올린다.

무, 마요네즈에 버무린 명란젓

무는 길게 채쳐
소금을 버무리지 않은 상태로 후루룩 먹습니다.
칼륨을 섭취하고 부종을 방지하는 데 효과적이에요.

● 재료(2인분)

무(슬라이서로 채친 것) … 10cm
A | 명란젓(껍질을 벗긴 것) … 45g
　　마요네즈 … 2큰술
　　생강(간 것) … 1작은술
굵은 고춧가루(있는 경우) … 약간

① 그릇에 무를 담고
섞어 둔 A를 올린 다음
굵은 고춧가루를 뿌린다.

무, 낫토, 고추기름

개인적으로 제가 정말 좋아해서
아침에 자주 먹는 조합이에요.
무를 많이 갈아서 샐러드식으로 만들면
낫토도 산뜻하고 담백해져요.

● 재료(2인분)

무 간 것(구멍이 조금 큰 강판으로 갈고
　　물기를 가볍게 없앤다) … 10cm 분량
A | 낫토 … 2팩(80g)
　　간장 … 2작은술
　　고추기름(취향에 따라) … 1작은술

① 그릇에 무 간 것을 담고 A를 순서대로 올린다.

으깬 감자,
마요네즈에 버무린 대구알

감자는 랩을 씌운 채 전자레인지로 가열하고 2분 정도 뜸을 들이면
놀라울 정도로 촉촉하고 맛있어진답니다.
으깬 감자 샐러드 한 접시면 속이 든든해요.

●재료(2인분)

감자 … 중간 크기 2개
A | 대구알(껍질을 벗긴 것) … 45g
　| 마요네즈 … 2큰술
　| 소금 … 약간
푸른 차조기(찢은 것) … 5장

① 씻은 감자를 껍질째 통째로 내열 그릇에 올린 후
　랩을 씌워 전자레인지로 6분 가열한다.
　그대로 2분 뜸을 들인다.

② 접시에 담아 손으로 으깨고(뜨거우니 주의),
　섞어 둔 A와 푸른 차조기를 올린다.

포인트

감자는 씻어서 물기가 있
는 채로 랩을 씌워 전자레
인지로 가열하고, 그대로
2분 뜸을 들인다. 그러면
속까지 부드러워져 마치
찐 감자 같다.

대구알은 껍질에 세로로
칼집을 한 줄 넣어 벌리고
식칼의 등을 사용해 내용
물을 긁어낸다. 명란젓의
경우도 같은 방법으로 한
다.

19

브로콜리,
참치, 카레 마요네즈

브로콜리는 물에 담갔다가 전자레인지에 돌리면
보기 좋게 부풀어 오르고 보다 맛있어집니다.
함께 가열하는 양파의 향과 식감이 맛에 포인트를 줘요.

포인트

브로콜리는 작게 나눠 물
에 2~3분 담그고, 깨끗이
닦으면서 줄기 속에 물을
흡수시킨다. 물기를 가볍
게 없애고 나서 전자레인
지로 가열하면 촉촉해진
다.

●**재료(2인분)**

브로콜리(작게 나눠서 물에 담근다) … 1/2개

자색 양파(혹은 양파, 얇게 썬 것) … 1/2개

A   참치캔(기름기를 가볍게 없앤 것) … 작은 것 1캔(80g)

　　마요네즈 … 1큰술

　　카레가루 … 1/2작은술

① 내열 그릇에 물기를 가볍게 없앤 브로콜리, 양파를 올리고
랩을 씌워 전자레인지로 3분 가열한 후
그대로 1분 쯤을 들인다.

② 물기를 없애 접시에 담고 섞어 둔 A를 올린 다음
카레가루를 약간(분량 외) 뿌린다.

아스파라거스,
스위트콘,
치즈가루

전자레인지에 돌린 아스파라거스에
프렌치드레싱과 달콤한 콘을 뿌렸습니다.
치즈가루로 감칠맛을 내서
안주로도 먹어 보세요.

●재료(2인분)

그린 아스파라거스	A	화이트와인 비니거(혹은 식초) … 1/2큰술
(아랫부분의 껍질은		소금 … 2꼬집
필러로 벗긴다) … 8개		후추 … 약간
스위트콘 … 4큰술		양파(간 것) … 1작은술
치즈가루 … 2큰술		올리브유 … 1/2큰술

① 내열 그릇에 아스파라거스를 올리고
물 1/2큰술을 뿌린 후,
랩을 씌워 전자레인지로 1분 30초 가열한다.
접시에 담고 섞어 둔 A를 뿌린 다음
콘과 치즈를 올린다.

아스파라거스,
병아리콩 마리네이드

식물섬유와 미네랄을 많이 함유하고 있는
병아리콩을 듬뿍 먹을 수 있는 샐러드입니다.
병아리콩 대신 삶은 콩을 넣어도 괜찮아요.

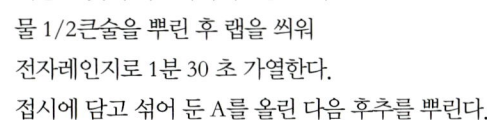

●재료(2인분)

그린 아스파라거스(길이를 반으로 자른다) … 8개

A | 병아리콩(삶은 것) … 1컵
　 | 화이트와인 비니거(혹은 식초) … 1/2큰술
　 | 소금 … 1/4작은술
　 | 마늘(간 것), 후추 … 약간
　 | 올리브유 … 1/2큰술
굵게 간 후추 … 약간

① 내열 그릇에 아스파라거스를 올리고
물 1/2큰술을 뿌린 후 랩을 씌워
전자레인지로 1분 30 초 가열한다.
접시에 담고 섞어 둔 A를 올린 다음 후추를 뿌린다.

21

당근과 리코타 치즈, 파슬리

저지방이라 건강한 리코타 치즈와
잘 어울리는 당근 샐러드입니다.
양파가 들어간 드레싱이 맛을 더욱 좋게 해 줘요.

● 재료(2인분)

당근(길이를 반으로 잘라
   슬라이서로 채친다)
   … 1개
리코타 치즈 … 4큰술

A | 화이트와인 비니거(혹은 식초) … 1큰술
   소금 … 2꼬집
   굵게 간 후추 … 약간
   양파(간 것) … 1작은술
   올리브유 … 1큰술
파슬리(굵게 다진 것) … 1컵(큰 것 2줄기)

① 볼에 A를 넣어 섞고
당근과 리코타 치즈를 넣어 버무린다.
접시에 담고 파슬리를 올린다.

당근, 햄 소스의 마리네이드

소스를 사용한 오코노미야키풍의 새로운 샐러드예요.
가다랑어포를 넣어 맛을 더했습니다.
잠깐 두었다가 당근이 부드러워진
다음에 먹으면 더욱 맛있어요.

● 재료(2인분)

당근(길이를 반으로 자르고
   슬라이서로 채친다) … 큰 것 1개
A | 로스햄(반으로 잘라 잘게 썬 것) … 4장
   우스터 소스 … 1과 1/2큰술
   간장, 설탕 … 각 1작은술
   가다랑어포 … 1팩(5g)
파래 … 약간

① 접시에 당근을 담고 섞어 둔 A를 올린 다음 파래를 뿌린다.

드레싱을 곁들인
호박과 베이컨,
어린잎 채소

호박에 양파와 베이컨을 올리고 전자레인지에 돌려 맛이 확실히 배도록 합니다.
이것을 마요네즈에 버무려 먹어도 맛있어요.
어린잎 채소에 넣은 드레싱은 호박과 궁합이 좋은 생강이 포인트예요.

① 내열 그릇에 호박, 양파, 베이컨을 올리고
랩을 씌워 전자레인지로 4분 가열한 후
그대로 2분 쯤 들인다.
물기를 없애 접시에 담는다.

② 볼에 어린잎 채소를 넣고
A를 순서대로 넣어 버무린 다음
❶에 올린다.

● 재료(2인분)

호박(껍질을 군데군데 벗겨 1cm 폭으로 자른다)
… 1/6개(200g)
양파(얇게 썬 것) … 1/4개
베이컨(1cm 폭으로 자른다) … 2장
어린잎 채소 … 1봉지
A 올리브유 … 1/2큰술
　　소금 … 1/4작은술
　　생강(간 것) … 1작은술
　　후추 … 약간
　　화이트와인 비니거(혹은 식초) … 1/2큰술

23

경수채, 두부, 매실 마요네즈

참기름으로 향을 더한 매실 마요네즈는
경수채, 두부와 잘 어울려요.
두부는 손으로 으깨 부드러운 식감을 즐겨 보세요.

● 재료(2인분)

경수채(4cm 길이로 자른다) … 1/2묶음
두부(물기를 뺀다) … 1/2모(150g)
푸른 차조기(채친 것) … 5장

A | 마요네즈 … 2큰술
　 | 매실장아찌(두드려 다진 것),
　 | 육수(혹은 물) … 각 1큰술
　 | 참기름 … 1작은술

① 접시에 경수채를 담고 두부(손으로 으깨면서),
푸른 차조기를 올린 후 섞어 둔 A를 뿌린다.

숙주나물, 짜사이, 햄과 고추기름

매운 음식을 잘 못 먹는 사람은
고추기름 대신 참기름을 사용해도 돼요.
짜사이와 햄은 이미 간이 되어 있기 때문에
버무리는 것만으로도 맛있어요.

① 내열 그릇에 숙주나물을 담고
랩을 씌워 전자레인지로 2분 가열한 후
물기를 확실히 뺀다. 접시에 담고 섞은 A를 올린다.

● 재료(2인분)

숙주나물 … 1봉지

A | 간이 된 짜사이 … 30g
　 | 로스햄(방사형으로 6등분하여 자른다) … 3장
　 | 간장, 고추기름(취향에 따라) … 각 1작은술

반찬으로도 먹을 수 있는

2 저녁
샐러드 토핑

평소 밥과 함께 먹는 반찬을 채소에 곁들인 볼륨 만점의 샐러드 토핑입니다.
고기와 생선만 먹다 보면 채소에는 손이 잘 안 가게 되는데요.
이 고기와 생선을 샐러드 토핑으로 올리면 자연스럽게 채소 섭취까지 가능하겠네요.
아래에 깔린 채소에 메인 반찬의 맛이 배면, 이게 또 엄청 맛있답니다.

양배추, 돼지고기, 땅콩

돼지고기 생강구이에 마늘도 넣어
향과 씹는 맛이 있는 샐러드예요.
손으로 찢은 양배추 위에 수북이 올려 보세요.
땅콩은 굵게 빻아 식감을 살렸어요.

● 재료(2인분)

양배추(먹기 쉬운 크기로 찢는다)
　… 큰 것 4장
돼지고기 등심(얇게 썬 것)
　… 10장(200g)
A　마늘, 생강(다진 것) … 각 1쪽
　　간장 … 2큰술
　　청주, 미림 … 각 1/2큰술
　　설탕 … 1작은술
샐러드유 … 1/2큰술
땅콩(굵게 빻은 것) … 3큰술

① 프라이팬에 샐러드유를 둘러 가열시킨 후,
　돼지고기를 펼쳐 넣고
　강불로 양면을 골고루 익힌 다음
　섞어 둔 A를 바른다.

② 접시에 담은 양배추 위에 올리고
　땅콩을 뿌린다.

땅콩은 절굿공이로 두드려 굵게 빻으면 식칼로 자른 것
보다 씹기 편하다. 고수나 쑥갓과도 잘 어울린다.

양배추,
돼지고기와
갓나물 볶음,
마요네즈

●재료(2인분)

양배추(채친 것) … 큰 것 4장
삼겹살(얇게 썬 것) … 10장(200g)
A 갓나물 절임(소금에 절인 것을
   물에 한 번 씻어 잘게 썬 것)
   … 3/4컵(100g)
   붉은 고추(송송 썬 것) … 1개
   청주 … 1큰술
   간장, 설탕 … 각 1작은술
참기름 … 1/2큰술
마요네즈 … 적당량

매콤한 삼겹살과 갓나물 절임을
채친 양배추에 수북하게 담았습니다.
마요네즈를 뿌려 맛이 더욱 좋아졌어요.
여기에 밥과 국만 있다면
한 끼 식사로 충분한 식단이 완성된답니다.

① 프라이팬에 참기름을 둘러 가열시키고
돼지고기를 펼쳐 넣어 강불에서
양면을 골고루 익힌 후
A를 넣어 빠르게 볶는다.

② 접시에 담은 양배추에 올리고
마요네즈를 뿌린다.

양배추,
카레가루,
달걀프라이

빠르게 만드는 것에 비해 깊은 맛이 우러나오는
우리 집의 인기 메뉴예요.
삶은 감자, 호박, 연근,
콜리플라워에 올려도 맛있답니다.

● 재료(2인분)

양배추(3cm 각으로 썬다) … 큰 것 4장
돼지고기와 소고기(다진 것) … 100g

A	양파(다진 것) … 1/4개
	당근, 셀러리(다진 것) … 각 1/4개
	마늘, 생강(다진 것) … 각 1/2쪽

카레가루 … 2작은술

홀 토마토 캔(포크로 짓누른다)
 … 1/4캔(100g)

B	청주 … 1/2큰술
	케첩, 간장 … 각 1작은술
	소금 … 1/2작은술

샐러드유 … 1작은술
달걀 … 2개

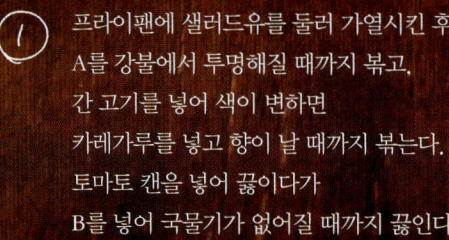

① 프라이팬에 샐러드유를 둘러 가열시킨 후
A를 강불에서 투명해질 때까지 볶고,
간 고기를 넣어 색이 변하면
카레가루를 넣고 향이 날 때까지 볶는다.
토마토 캔을 넣어 끓이다가
B를 넣어 국물기가 없어질 때까지 끓인다.

② 프라이팬에 샐러드유 1작은술(분량 외)을 둘러
가열시킨 다음 달걀을 깨뜨려 넣어 중불에서
뚜껑을 덮지 않고 반숙 달걀프라이를 만든다.
접시에 담은 양배추에 ❶과 함께 올린다.

상추,
닭고기 카레
마리네이드 볶음

카레가루와 케첩, 마늘, 생강으로 푹 조린 닭고기는
그냥 굽기만 해도 깜짝 놀랄 정도로 맛있어요.
타기 쉬우므로 굽기 전에 겉에 묻은 양념을 닦아
중불로 지긋이 익혀 주세요.

① 볼에 A를 넣어 섞고 닭고기를 넣어 30분 이상 재운다.
  아무것도 두르지 않고 달군 프라이팬에 소스를 닦아낸
  닭고기를 넣어 중불로 양면을 골고루 굽고,
  남은 소스를 넣어 2~3분 조린다.

② 접시에 야채를 담고 그 위에 올린다.

●재료(2인분)

상추(한입 크기로 찢는다) … 4장
오이(1cm 폭의 반달 모양으로 썬다)
  … 1개
닭 넓적다리 살(약간 크게
  한입 크기로 자른다) … 1장(250g)
A   마요네즈 … 2큰술
    케첩, 청주 … 각 1큰술
    카레가루 … 1/2큰술
    간장 … 1작은술
    소금 … 1/3작은술
    마늘, 생강(간 것) … 각 1쪽

포인트

카레가루, 케첩, 마요네
즈 등을 섞은 소스에 다
시 닭고기를 30분~하룻
밤 재운다. 마요네즈가
들어가 고기가 부드러워
진다.

29

양배추 코울슬로,
바삭바삭 베이컨

소금으로 버무리지 않은 야채에 조미료를 넣어
빠르게 만드는 코울슬로입니다.
냉장실에서 3~4일까지 보존 가능하기 때문에
많이 만들어 보관해 두는 것도 추천해요.
바삭바삭하게 구운 베이컨이 포인트입니다.

① 볼에 야채를 넣고 A를 순서대로 넣은 다음
잘 섞어서 접시에 담는다.

② 프라이팬에 샐러드유를 둘러 가열시킨 다음
베이컨을 뒤집개로 누르면서 중불로 바삭바삭하게 굽고
키친타월에 올려 기름기를 없앤다.
❶에 올리고 후추를 뿌린다.

● 재료(2인분)

양배추(잘게 썬 것) … 큰 것 4장
당근(채친 것) … 1/3개
양파(얇게 썬 것) … 1/4개
A │ 소금 … 1/3작은술
　 │ 화이트와인 비니거(혹은 식초)
　 │ 　 … 1/2큰술
　 │ 후추 … 약간
　 │ 올리브유 … 1/2큰술
베이컨 … 4장
샐러드유 … 1작은술
굵게 간 후추 … 약간

포인트

베이컨은 중불에서 뒤집
개로 꾹 눌러가며 굽는
다. 이렇게 하면 바삭바
삭하고 곧게 구워진다.

양상추, 돼지고기 샤브샤브

고기는 따뜻할 때 양념으로 버무리면
훨씬 부드러워지고 육즙이 가득해집니다.
소스는 유즈코쇼와 간 무로 만든 것으로,
계속 먹고 싶어지는 맛이에요.

● 재료(2인분)

양상추(먹기 좋은 크기로 찢은 것) … 1/2개
돼지고기 등심(샤브샤브용) … 20장(200g)
A │ 간 무(물기를 가볍게 없앤다) … 10cm 분량
  │ 폰즈 간장 … 4큰술
  │ 유즈코쇼● … 1/2작은술
볶은 검은깨 … 약간

① 돼지고기는 소금을 약간(분량 외) 넣은
　 뜨거운 물로 색이 바뀔 때까지 삶고
　 키친타월로 물기를 없앤 다음 따뜻할 때
　 볼에 섞어 둔 A와 버무린다.

② 접시에 담은 양상추 위에 올리고
　 검은깨를 뿌린다.

●유즈코쇼: 유자 향이 나는 페이스트 형태의 후추

경수채, 닭가슴살과 매실 고추냉이 무침

닭가슴살을 전자레인지로 익히면 육수가 생기는데,
이 육수를 바르면 고기가 촉촉하고 맛있어집니다.
매실의 신맛과 고추냉이의 톡 쏘는 맛으로
상큼한 샐러드가 완성돼요.

● 재료(2인분)

경수채(3~4cm 길이로 자른다) … 1/2묶음
닭가슴살 … 4개(200g)
A │ 청주 … 1/2큰술
  │ 소금 … 약간
B │ 매실장아찌(두드려 다진 것), 볶은 깨(간 것) … 각 1큰술
  │ 간장, 고추냉이 … 각 1작은술

① 내열 그릇에 닭가슴살을 올리고 A를 뿌린 다음
　 랩을 씌워 전자레인지로 3분 가열시키고 그대로 식힌다.

② 손으로 먹기 좋게 찢고 닭 육수를 바른 다음
　 B로 버무려 접시에 담고 경수채를 올린다.

감자,
비엔나소시지의
치즈구이

감자에 마요네즈를 발라 감칠맛을 내고,
비엔나소시지와 치즈를 올려 노릇노릇하게 굽습니다.
따끈따끈한 감자와 고소한 치즈가 맛있는 샐러드입니다.

● 재료(2인분)

감자 … 중간 크기 2개
마요네즈 … 1큰술
A│ 비엔나소시지(세로로 반 자른다) … 6개
  │ 피자 치즈 … 1/2컵

① 감자는 씻어서 껍질째로 반 자르고
  내열 그릇에 올린 다음 랩을 씌워
  전자레인지로 6분 가열하고 그대로 2분 쯤 들인다.

② 내열 그릇에 나란히 놓은 감자의 단면에 마요네즈를 바른 다음,
  A를 올려 예열시킨 오븐 토스터로
  치즈가 노릇노릇하게 구워질 때까지 5~6분 정도 굽는다.

숙주나물과 부추, 베이컨의 마늘 볶음

볶지 않은 숙주나물에 베이컨과 마늘을 올린 샐러드로
담백하고 맛있어요.
레몬이 맛을 정리해 주는 역할을 한답니다.

● 재료(2인분)

A │ 숙주나물 … 1봉지
  │ 부추(5cm 길이로 자른다) … 1묶음

베이컨(3cm 길이로 자른다) … 3장

B │ 소금 … 1/3작은술
  │ 후추 … 약간

C │ 마늘(두드려 다진 다음 큼직하게 썬다) … 2쪽
  │ 샐러드유 … 1/2큰술

레몬 … 적당량

① 내열 그릇에 A를 올리고 랩을 씌워
전자레인지로 3분 가열시킨 다음
물기를 확실히 없애서 접시에 담는다.

② 프라이팬에 C를 넣고 약불에 올린 다음,
색이 옅게 구워지면 베이컨과 B를 넣어 볶는다.
❶에 올리고 레몬을 곁들인다. 레몬을 짜서 먹는다.

으깬 감자, 햄과 콘 마요네즈

간편하게 만들 수 있는 감자 샐러드입니다.
전자레인지에 돌린 감자에 식초와 오일로
풍미를 더하는 것이 포인트예요.
위에 올린 재료를 섞어가며 먹는 맛은 또 특별해요.

● 재료(2인분)

감자(껍질을 벗겨 4등분으로 자른다) … 중간 크기 2개

A │ 화이트와인 비니거, 올리브유 … 각 2작은술
  │ 소금, 굵게 간 후추 … 약간

B │ 오이(씨를 제거하고 1cm 폭의 은행잎 모양으로 썬다) … 1개
  │ 양파(잘게 다진 것) … 1/4개

C │ 로스햄(잘게 썬 것) … 4장
  │ 스위트콘 … 1/2컵

D │ 마요네즈 … 4큰술
  │ 후추 … 약간

굵게 간 후추 … 약간

① 감자는 전자레인지로 6분 가열시키고(19쪽 참조),
물기를 빼서 으깬 다음 A를 섞어 접시에 담는다.

② B는 소금 1/3작은술(분량 외)을 뿌리고 물기를 짠 다음
C, D와 섞어 ❶에 올리고 후추를 뿌린다.

두묘, 차슈, 짜사이 무침

금방 익는 두묘는 바쁜 날 저녁식사로 안성맞춤이에요.
차슈와 짜사이 콤비는 밥이 술술 넘어가는 반찬이 된답니다.

●재료(2인분)

두묘•(길이를 반으로 자른다) … 1봉지
파(세로로 반을 잘라 비스듬하게 썬다) … 1/2대
A │ 시판용 차슈•(채친 것) … 5장
　 │ 간이 된 짜사이(채친 것) … 50g
B │ 소금 … 1/3작은술
　 │ 올리브유 … 1작은술

① 파는 물에 씻어 물기를 없애고
　 A와 함께 볼에 넣어 B로 버무린다.

② 내열 그릇에 두묘를 올리고 랩을 씌워
　 전자레인지에서 1분 30초 가열시킨 다음
　 물기를 확실히 없앤다.
　 접시에 담은 ❶에 올린다.

●두묘: 완두콩 싹
●차슈: 돼지고기를 양념에 재우고 삶아 구운 것

당근, 비엔나 김치 볶음

단맛이 있는 당근은 매운맛의 김치와 잘 맞아요.
필러로 얇게 슬라이스하면 먹기 쉬워요.

●재료(2인분)

당근(필러로 얇게 슬라이스한 것) … 1개
양파(5mm 폭의 빗살 모양으로 자른 것) … 1/2개
A │ 비엔나소시지(비스듬하게 반으로 자른 것) … 6개
　 │ 김치(큼직하게 썬 것) … 3/4컵(150g)
간장 … 1작은술
참기름 … 1/2큰술

① 프라이팬에 참기름을 둘러 가열시킨 후
　 양파를 중불에서 볶고
　 A를 순서대로 넣어 볶은 다음
　 간장을 넣어 빠르게 볶는다.

② 접시에 담은 당근에 올린다.

양상추, 게맛살, 스크램블 에그

달걀에 마요네즈와 우유를 듬뿍 넣어 만드는
스크램블은 농후하면서 부드러워요.
양상추를 전자레인지에 돌려 부드럽게 만들었다면
스크램블 에그를 소스 대신 뿌려 보세요.
최고의 맛을 볼 수 있을 거예요.

● 재료(2인분)

양배추(큼직하게 썬 것) … 큰 것 4장
A | 달걀 … 2개
　 | 마요네즈, 우유 … 각 2큰술
　 | 소금 … 1/4작은술
　 | 후추 … 약간
B | 게맛살(길이를 반으로 잘라 결대로 찢는다) … 4개
　 | 파(조금 굵게 썬 것) … 1/3대
샐러드유 … 1큰술

① 내열 그릇에 양배추를 올리고
랩을 씌워 전자레인지로 3분 가열한 다음
물기를 확실히 없애서 접시에 담는다.

② 볼에 A를 넣어 잘 섞고 B를 넣어 대충 섞는다.
샐러드유를 둘러 가열시킨 프라이팬에 흘린 다음
강불에서 크게 섞어가며
부드러운 스크램블 에그를 만들어 ❶에 올린다.

포인트

달걀에 마요네즈를 넣으
면 단백질이 굳는 힘이
약해져 불을 가해도 부
드러운 반숙 상태로 익는
다. 우유를 많이 넣는 것
도 포인트.

스파게티와
브로콜리의
카레 타르타르소스

큼직한 브로콜리가 들어간 카레 타르타르소스가
절묘한 맛을 연출해요.
소스의 깊은 곳에 숨겨진 마늘과 생강이 맛에 포인트를 줍니다.
주식으로 먹어도 손색없는 한 접시입니다.

● 재료(2인분)

스파게티 ··· 150g

브로콜리(작게 나눈다) ··· 1/2개

양파(얇게 썬 것) ··· 1/4개

A │ 삶은 달걀(잘게 다진 것) ··· 2개
　 │ 마요네즈 ··· 3큰술
　 │ 우스터 소스 ··· 1작은술
　 │ 카레가루 ··· 1/2작은술
　 │ 마늘, 생강(간 것) ··· 약간

① 뜨거운 물 1.5리터에 소금, 샐러드유 각 1큰술(둘 다 분량 외)을 넣고
브로콜리를 2분 삶은 다음 꺼낸다.
계속해서 스파게티를 넣고 표시 시간대로 삶은 후
물기를 빼서 접시에 담는다.

② 양파는 소금을 약간(분량 외) 뿌려 비비고 물로 씻은 다음 물기를 짠다.
A, 물기를 닦은 브로콜리와 함께 볼에 넣어 섞고 ❶에 올린다.

마카로니,
당근의 오로라 소스

전자레인지에 돌린 당근은 깜짝 놀랄 정도로 달고 맛있어요.
그것을 갈아서 마요네즈+케첩 소스에 넣습니다.
삶은 마카로니와 반숙 달걀로
부드러운 맛의 샐러드 완성.

포인트

당근은 전자레인지로 익
히면 단맛이 증가한다.
이것을 갈아서 마요네즈
+케첩과 섞으면 더욱 먹
기 편해진다.

●재료(2인분)

마카로니 … 150g

당근 … 큰 것 1/2개

반숙 삶은 달걀(세로로 4등분하여 자른다) … 2개

A│ 마요네즈 … 3큰술

│ 케첩 … 1큰술

│ 꿀 … 1/2작은술

│ 소금 … 1/4작은술

│ 후추 … 약간

쪽파(송송 썬 것) … 2뿌리

① 뜨거운 물 1.5리터에 소금, 샐러드유 각 1큰술(둘 다 분량 외)을 넣어
마카로니를 표시 시간보다 3분 더 삶고 물기를 빼서 접시에 담는다.

② 당근은 껍질을 벗겨 내열 그릇에 올리고
랩을 씌워 전자레인지에서 1분 30초 가열한 다음
갈아서 물기를 가볍게 없앤다.
A와 함께 볼에 넣어 섞고, 삶은 달걀을 넣어 대충 섞은 다음
❶에 올리고 쪽파를 얹는다.

※ 반숙 삶은 달걀은 실온에 둔 달걀을 끓는 물에 넣고,
다시 끓어오르고 나서 7분 삶은 후 찬물에 담가 식힌다.

어린잎 채소,
소고기 데미글라스 소테

시판용 데미글라스 소스를 사용하지 않고도
집에 있는 조미료로 이 맛을 낼 수 있어요.
야채는 삶은 감자나 크레송으로도 만들어 보세요.

● **재료(2인분)**

어린잎 채소 … 1봉지

아롱사태(먹기 좋은 크기로 썬 것)
　　… 10장(200g)

A | 소금, 후추 … 약간

　　양파(가로 5mm 폭으로 썬 것) … 1/4개

B | 케첩 … 4큰술

　　중농 소스● … 2큰술

　　굴 소스, 간장 … 각 1/2큰술

　　마늘(간 것) … 1쪽

샐러드유 … 1/2큰술

●중농 소스: 일본 소스의 한 종류로,
우스터 소스보다 좀 더 걸쭉하다.
돈가스 소스로 대용해도 된다.

① 프라이팬에 샐러드유를 둘러 가열시킨 후
양파를 중불에서 부드러워질 때까지 볶는다.
양파를 가장자리로 비켜 놓은 후
A를 뿌린 소고기를 펼쳐 넣고
강불로 양면을 노릇하게 구운 다음 B를 바른다.

② 접시에 담고 어린잎 채소를 올린다.

삶은 문어, 오크라의 매실 굴 소스 볶음

매실장아찌에 굴 소스를 넣으면 맛에 깊이가 생겨요.
여기에 오크라를 넣어 버무리면
문어와 어울리는 최상의 소스 완성.

●재료(2인분)

삶은 문어 다리(어슷 썬 것) ··· 중간 크기 2개(200g)

오크라 ··· 10개

A ┃ 매실장아찌(두드려 다진 것) ··· 1큰술

┃ 파(잘게 다진 것) ··· 5cm

┃ 마늘(간 것) ··· 약간

┃ 굴 소스, 간장, 참기름 ··· 각 1작은술

① 오크라는 뜨거운 물에 데치고
비스듬하게 반으로 썬 다음
볼에 섞어 둔 A로 버무린다.

② 접시에 담은 문어 위에 올린다.

으깬 두부와 토마토, 멸치 생강 볶음

참기름으로 바삭바삭하게 볶은 멸치와
채친 생강이 맛의 결정적인 역할을 해요.
두부는 삶거나 전자레인지에 돌려
물기를 확실히 없애 주세요.

●재료(2인분)

두부 ··· 1모(300g)

토마토(1.5cm 각으로 자른다) ··· 1개

A ┃ 멸치 ··· 4큰술

┃ 생강(채친 것) ··· 1쪽

참기름 ··· 1큰술

간장 ··· 1작은술

① 두부는 손으로 으깨서 내열 그릇에 올리고
랩을 씌워 전자레인지로 2분 가열한다.
물기를 확실히 없애고 토마토와 함께 접시에 올린다.

② 프라이팬에 참기름을 둘러 가열시키고
A를 중불에서 바삭하게 볶은 후 ❶에 올리고 간장을 뿌린다.

당면, 새우와 토마토의 마늘 레몬 무침

새콤 달콤 매콤한 마늘 넘플라 소스에 우선
새우를 담가 맛을 배게 합니다.
맛깔스러운 소스를 머금은 당면을
후루룩 먹어 보세요.

포인트
새우는 머리부터 2~3번째 껍
질 마디의 사이에 이쑤시개
를 꽂아 내장을 빼낸다. 그리
고 껍질이 붙은 채로 삶으면
맛이 살아 있다.

● 재료(2인분)

녹두당면(건조된 것을 뜨거운 물에 5분 담갔다가
    찬물로 씻고 물기를 없앤다) … 50g
껍질 벗기지 않은 새우(블랙타이거 등) … 16마리
토마토(빗살 모양으로 썬 것) … 작은 것 2개
오이(세로로 반 잘라 씨를 없애고 1cm 폭으로 어슷 썬 것) … 1개
A | 넘플라●, 설탕, 레몬즙 … 각 1과 1/2큰술
   | 두반장 … 1/2작은술
   | 마늘(다진 것) … 1쪽

① 새우는 껍질 마디의 틈에 이쑤시개를 꽂아 내장을 제거하고
뜨거운 물에 2~3분 데친 후 찬물로 식힌다.
껍질은 꼬리 앞 한 마디까지 벗긴다.

② 볼에 A를 넣어 섞고 새우, 토마토, 오이순으로 넣어 버무린다.
접시에 담은 녹두당면 위에 올린다.

● 넘플라: 태국 조미료의 일종으로 생선을 소금에 절여 발효시킨 간장을 말한다.

셀러리, 흰살생선의 넘플라 무침

생선으로 만들어진 넘플라는 회와 잘 어울린답니다.
맛을 확 끌어내 주거든요.

●재료(2인분)

셀러리(필러로 얇게 썬 후 물에 씻는다) … 1개
흰살생선 회(도미 등, 어슷 썬 것)
  … 큰 것 1덩어리(150g)
A │ 넘플라 … 1큰술
  │ 레몬즙 … 1/2큰술
  │ 올리브유 … 1작은술
  │ 굵게 간 후추 … 약간
땅콩(굵게 다진 것) … 3큰술
굵게 간 후추 … 약간

① 볼에 A를 넣어 섞고 회를 넣어 버무린다.

② 물기를 없앤 후 접시에 담은 셀러리 위에 올리고
   땅콩과 후추를 뿌린다.

쪽파와 고수, 참치

야채는 쪽파만 사용해도 되고 무순을 추가해도 좋아요.
회는 참치 외에 흰살생선이나
오징어, 문어로 만들어도 맛있어요.

●재료(2인분)

쪽파(비스듬하게 얇게 썰어 물에 씻는다) … 4뿌리
고수(잎은 뜯고 줄기는 송송 썬다) … 3줄기
A │ 참기름 … 2작은술
  │ 소금, 간장 … 각 1/3작은술
참치 회(어슷 썬 것) … 1덩어리(150g)

① 볼에 물기를 닦은 쪽파, 고수를 넣고
   A를 순서대로 넣어 버무린다.

② 접시에 담은 참치 위에 올린다.

양상추와 셀러리, 새우 마요네즈

꿀이 들어간 마요네즈에 씨겨자로 맛에 포인트를 주었어요.
새우의 튀김옷은 약간 두껍게 하는 편이 소스가 제대로 배어 더 맛있습니다.

● 재료(2인분)

양상추(큼직하게 썬 것) … 1/4개

셀러리(비스듬하게 얇게 썬 것) … 1개

껍질 벗기지 않은 새우(블랙타이거 등) … 16마리

A ┃ 청주 … 1큰술
  ┃ 소금, 후추 … 약간

녹말 … 2큰술

B ┃ 마요네즈 … 4큰술
  ┃ 꿀 … 1큰술
  ┃ 씨겨자 … 1/2큰술

샐러드유 … 적당량

① 새우는 껍질을 벗기고 등에 칼집을 넣어 내장을 제거하고 A, 녹말순으로 넣어 버무린다. 프라이팬에 샐러드유를 5mm 넣고 가열시켜(180℃) 바삭하게 1분 튀긴 후 볼에 합쳐 놓은 B로 버무린다.

② 접시에 담은 야채에 올린다.

포인트

새우는 식칼로 등에 칼집을 넣어 내장을 제거한다. 칼집을 깊게 넣으면 그 부분이 벌어져 소스가 잘 어우러진다.

새우에 버무리는 녹말은 약간 양을 많이 하는 편이 소스가 확실히 어우러지고 야채와 함께 먹을 때 딱 좋은 맛으로 완성된다.

시금치와 간편한 칠리 새우

시금치에 기름을 넣어 전자레인지에 돌리면 촉촉하고 맛있게 익습니다.
이번에는 새우의 튀김옷을 얇게 하여 바삭하고 고소하게 만들어 보세요.

● 재료(2인분)

시금치(길이를 3등분하여 자른다) … 1단
껍질 벗기지 않은 새우(블랙타이거 등) … 16마리

A	청주 … 1작은술
	후추 … 약간
	녹말 … 1큰술
B	파(잘게 썬 것) … 1/3개
	마늘, 생강(잘게 다진 것) … 각 1쪽

두반장 … 1/2~1작은술

C	케첩, 청주 … 각 2큰술
	간장 … 1/2큰술
	설탕, 녹말 … 각 1작은술

샐러드유 … 적당량

① 내열 그릇에 시금치를 담고 물 3큰술, 소금, 샐러드유를
각각 조금씩(모두 분량 외) 뿌린 다음 랩을 씌워
전자레인지로 4분 가열하고 물기를 없앤다.

② 새우는 껍질 마디 사이에 이쑤시개를 꽂아
내장을 제거하고 껍질을 벗겨 A를 버무린다.
프라이팬에 샐러드유를 5mm 넣어 가열시킨(180℃) 다음
바삭하게 1분 튀긴다.

③ 프라이팬에 오일 1/2큰술을 남기고 가열시켜
B, 두반장순으로 향이 날 때까지 볶은 다음
합친 C를 넣어 섞고 걸쭉해지면 ❷를 묻힌다.
접시에 담은 ❶에 올린다.

포인트

새우에 녹말을 얇게 묻힌
다음 약간의 기름으로 바
삭하게 튀기는 것이 포인
트. 새우가 딱딱해지지
않도록 튀기는 시간은 1
분 정도로 한다.

양배추와 당근, 연어 데리야키

야채는 소금을 뿌린 다음 가열하면 수분이 적당히 빠져 먹기 좋습니다.
데리야키 소스는 너무 바짝 조리지 않도록 주의하세요.
야채에 뿌린 이 소스가 참 맛있답니다.

● 재료(2인분)

양배추(잘게 썬 것) … 큰 것 4장

당근(채친 것) … 1/2개

푸른 차조기(채친 것) … 10장

연어슬라이스 … 2장

소금, 후추 … 약간

A ┃ 간장 … 2큰술
  ┃ 설탕, 청주, 미림 … 각 1큰술

샐러드유 … 1작은술

밀가루, 마요네즈 … 각 적당량

① 볼에 야채를 넣어 소금 1/2작은술(분량 외)을 섞고
랩을 씌워 전자레인지로 2분 가열한 후
물기를 짜서 접시에 담는다.

② 연어는 소금을 뿌려 10분 두고, 물기를 닦은 다음 후추를 뿌
리고 밀가루를 묻힌다.
샐러드유를 가열한 프라이팬에 넣어 중불로 양면을 노릇하
게 2분씩 굽고, 키친타월로 기름을 닦은 다음 A를 묻힌다.
마요네즈를 뿌린 ❶에 소스째로 올린다.

경수채, 오징어 프리토

밀가루를 먼저 묻힌 다음 튀김옷을 입힙니다.
튀기는 시간은 빠르게 1분 정도.
고수로 튀김옷에 향을 입히지만 고수가 없다면
파의 파란 부분을 사용해도 돼요.

포인트

오징어에 밑간을 했다면
물기를 없애고 밀가루를
묻힌 다음 튀김옷을 입힌
다. 이렇게 하면 기름에
넣었을 때 기름이 잘 튀
지 않는다.

오징어를 고온의 기름에
넣었다면 튀기는 시간은
1분 정도로 한다. 오래 튀
기면 기름이 튀거나 오징
어가 딱딱해질 수 있으니
주의해야 한다.

① 오징어는 표면에 격자 모양으로
칼집을 자잘하게 넣고
한입 크기로 자른 다음 A로 버무리고
물기를 닦아 밀가루(분량 외)를 묻힌다.

② 볼에 B, C순으로 넣는데,
넣을 때마다 거품기로 섞는다.
다 섞은 다음 ❶에 묻히고
고온(180℃)의 기름으로
바삭하게 1분 튀긴다.

③ 접시에 담은 경수채에 올리고
레몬, 고수(분량 외)를 곁들인다.
레몬을 짜서 먹는다.

●재료(2인분)

경수채(4cm 길이로 자른다) … 1/2묶음
오징어 몸통 … 작은 것 1개분(150g)

A	청주 … 2작은술
	소금, 후추 … 약간

B	밀가루 … 1/4컵
	녹말 … 1큰술
	소금, 베이킹파우더 … 각 1/3작은술

C	물 … 1/4컵
	고수(잘게 썬 것) … 3큰술
	참기름 … 1작은술

튀김용 기름, 레몬 … 각 적당량

구운 아스파라거스, 카레맛 가리비 소테

구운 가리비에 소스를 묻혀
맛있는 드레싱을 만듭니다.
가리비와 함께 야채에 뿌리면
볼륨 만점의 샐러드 완성.

● 재료(2인분)

그린 아스파라거스(길이를 반으로 자른 것) … 8개
가리비 관자 … 6개
A │ 자색 양파(혹은 양파, 잘게 다진 것) … 1/4개
   │ 화이트와인 비니거(혹은 식초) … 1큰술
   │ 카레가루 … 1작은술
   │ 소금 … 1/4작은술
올리브유 … 1큰술

① 볼에 A를 섞은 다음 5분 둔다.
가리비에 소금, 후추를 조금씩 뿌린 다음
샐러드유 약간(모두 분량 외)을 바른
그릴 팬(혹은 프라이팬)에
아스파라거스와 함께 올려
중불로 전체를 노릇노릇 굽는다.

② A에 가리비, 올리브유를 넣어 버무리고
접시에 담은 아스파라거스 위에 올린다.

아보카도, 양파, 구운 대구알

부드러운 아보카도와 잘 어울리는
대구알 샐러드입니다.
고추냉이 간장 소스를 뿌리면
밥이 술술 넘어가는 반찬으로도 먹을 수 있어요.

포인트

아보카도는 식칼로 세로로 한 바퀴 돌려 칼집을 넣고 손으로 비틀어 반으로 가른다.

식칼의 모서리를 씨에 꽂은 다음 약간 비틀어서 빼낸다. 그리고 손으로 껍질을 벗긴다.

● 재료(2인분)

아보카도(씨와 껍질을 없애고
   얇게 썬 것) … 1개
양파(얇게 썰어서 물에 씻는다) … 1개
대구알 … 90g
A │ 식초, 올리브유 … 각 1/2큰술
   │ 간장, 고추냉이 … 각 1작은술

① 내열 그릇에 대구알을 올리고, 랩을 씌워
전자레인지로 1분 가열한 후
식으면 비스듬하게 얇게 썬다.

② 접시에 담은 아보카도에
물기를 없앤 양파와 함께 올린 후
섞은 A를 뿌린다.

46

매운맛을 더한

3 안주
샐러드 토핑

야채와 함께 술을 마시면 과음하지 않게 되어 숙취도 없어요.
마늘, 생강, 고추기름을 넣어 살짝 매콤하게 하면
술과 잘 어울리는 안주 샐러드가 완성된답니다.

바삭바삭 감자, 고수, 후추

물기를 닦고 전자레인지에 돌린 감자에
바로 밀가루를 묻혀 튀김옷을 입힌 다음
바삭바삭하게 튀깁니다. 후추를 뿌리면 안주 완성.

● 재료(2인분)

감자(껍질째 5mm 각의 막대 모양으로
  자른다) … 중간 크기 2개

A │ 물 … 2큰술
   │ 후추 … 약간

B │ 밀가루 … 3큰술
   │ 고수 줄기(송송 썬다)
   │ … 2줄기

샐러드유 … 적당량

고수 잎 … 2줄기분

C │ 소금 … 1/4작은술
   │ 굵게 간 후추
   │ … 1/2작은술

① 감자는 씻어서 내열 그릇에 올리고 A를 뿌려
   랩을 씌운 다음 전자레인지로 4분 가열한다.
   B를 섞고 프라이팬에 샐러드유를 1cm 정도 넣어
   가열시킨(180℃) 다음 강불에서 바삭하게 튀긴다.

② 접시에 담고 고수 잎을 올린 후 C를 뿌린다.

으깬 감자, 초리조의 씨겨자 무침

감자는 초리조를 올려 함께 가열하면
고기의 맛과 향이 배어 더욱 맛있어요.
토마토를 넣으면 뒷맛이 깔끔해요.

● 재료(2인분)

감자(껍질을 벗기고 4등분하여 자른다) … 중간 크기 2개

초리조(비스듬하게 4등분하여 자른다) … 3개

A │ 토마토(빗살 모양으로 썬 것) … 작은 것 2개
   │ 씨겨자 … 1큰술
   │ 올리브유 … 1작은술
   │ 소금 … 1/4작은술
   │ 마늘(간 것) … 약간

① 내열 그릇에 감자, 초리조를 올리고 랩을 씌워
   전자레인지로 6분 가열한 후
   그대로 2분 뜸 들인다. 감자는 접시에 올려 으깬다.

② A를 합치고 초리조를 섞어 ❶에 올린다.

풋콩,
크림치즈,
두반장

크림치즈에 두반장으로 매콤함을,
넘플라로 풍미를 더했습니다.
삶은 감자나 당근에 찍어 먹어도 맛있어요.

● 재료(2인분)

풋콩(삶아서 껍질을 벗긴다) … 1/2컵
A ┃ 크림치즈(실온에 둔 것) … 40g
  ┃ 넘플라● … 1작은술
  ┃ 두반장 … 1/2작은술
  ┃ 마늘(간 것) … 약간
굵은 고춧가루(있을 경우) … 약간

(1) 접시에 풋콩을 담고 섞은 A를 올린 다음
   굵은 고춧가루를 뿌린다.

●넘플라: 태국 조미료의 일종으로 생선을 소금에 절여 발효시킨 간장을 말한다.

참기름에
버무린
풋콩과 파

저는 참기름으로 버무린 풋콩을 좋아해요.
파와 함께 먹으면 술안주로 딱이에요.

● 재료(2인분)

풋콩(삶아서 껍질을 벗긴다) … 1/2컵
A ┃ 볶은 검은깨 … 2작은술
  ┃ 참기름 … 1/2작은술
  ┃ 소금 … 1/4작은술
파(채쳐서 물에 씻는다) … 5cm

(1) 볼에 풋콩을 넣고 A를 넣어 버무린다.
   물기를 없애고 접시에 담은 파 위에 올린다.

여주,
매실 타코와사비

여주는 소금을 뿌려 잠시 두면
아삭아삭해져서 씹는 맛이 좋아요.
올리브유를 넣으면 쓴맛이 부드러워진답니다.

● **재료(2인분)**

여주 … 1개
소금 … 1/2작은술
A │ 시판용 타코와사비 … 4큰술
　 │ 매실장아찌(두드려서 다진 것) … 1작은술
올리브유 … 1작은술

선술집의 술안주로 익숙
한 타코와사비는 문어와
고추냉이, 각종 조미료로
만든 것이다. 그대로 먹
어도 좋고 두부에 올리는
등 취향에 따라 얹어 술
안주로 먹어 보자.

① 여주는 세로로 반 잘라
숟가락으로 씨와 속을 긁어내고,
얇게 썰어서 소금을 뿌린다.
부드러워지면 뜨거운 물에 빠르게 데치고
찬물에 담갔다가 물기를 짠다.

② 접시에 담고 섞은 A를 올린 후
올리브유를 뿌린다.

크레송,
생햄,
고춧가루

생햄에 꿀과 소금을 뿌려 식욕을 돋우는
달콤하면서 짭조름한 맛으로 완성했습니다.
쌉쌀한 크레송과 고춧가루의 자극적인 맛에
젓가락을 멈출 수가 없어요.

● **재료(2인분)**

크레송(길이를 반으로 자른다) … 1묶음
생햄(길이를 반으로 자른다) … 6장
A │ 꿀 … 2작은술
　 │ 소금 … 약간
고춧가루 … 약간

① 접시에 크레송을 담고 생햄을 올린 다음
섞은 A와 고춧가루를 뿌린다.

무순,
짜사이,
반숙 달걀

중국식 무침인 짜사이를 사용한 샐러드입니다.
부드러운 반숙 삶은 달걀을 소스 대신 사용했습니다.

● **재료(2인분)**

무순(길이를 반으로 자른다) … 1팩
간이 된 짜사이 … 30g
반숙 삶은 달걀(반으로 자른다) … 2개
간장 … 약간

① 접시에 무순을 담고 짜사이,
　삶은 달걀을 올린 다음 간장을 뿌린다.

　※ 반숙 삶은 달걀은 실온에 둔 달걀을 끓는 물에 넣고,
　　다시 끓어오르면 6분 삶고 찬물에 식힌다.

오이,
나메타케,
고추기름

토핑으로 얹기만 하면 맛을 확 잡아주는 나메타케는
이보다 더 편리할 수 없는 식품이에요.
야채는 무, 삶은 감자 등 다양하게 선택해 보세요.

● **재료(2인분)**

오이(막대로 두드려서 한입 크기로 자른다) … 2개
나메타케● … 3큰술
시판용 고추기름 … 1작은술

① 접시에 오이를 담고 나메타케를 올린 다음
　고추기름을 뿌린다.

● 나메타케: 일본의 조림 음식으로 팽이버섯에 간장과 미림, 청주, 식초를 넣고 조린 것이다.

쑥갓,
어묵의
고추장 무침

어묵 대신 오징어나 흰살생선 등을 사용해도 좋습니다.
소스에 사용한 매실장아찌가 맛을 한껏 높여 줘요.

● 재료(2인분)

쑥갓(잎은 뜯고 줄기는
　비스듬하게 얇게 썬다) … 1/2묶음
어묵(잘게 썬 것) … 4cm
A｜고추장 … 1큰술
　｜매실장아찌(두드려 다진 것), 참기름
　｜　… 각 1작은술
　｜간장, 설탕 … 각 1/2작은술
　｜마늘, 생강(간 것) … 약간

고추장은 무침, 볶음 외
에 마요네즈와 섞어 소스
로 사용해도 좋다.

① 볼에 A를 넣어 섞고
　어묵을 넣어 버무린다.
　접시에 담은 쑥갓에 올린다.

아보카도,
이부리각코,
크림치즈

선술집에서 먹은 메뉴에서 힌트를 얻었습니다.
이부리각코의 스모크 향이 크림치즈에 스며들어
또 다른 맛을 만들어 내요.

● 재료(2인분)

아보카도(씨와 껍질을 제거하고
　5mm 폭으로 썬다, 46쪽 참조)
　… 1개
소금, 후추 … 약간
A｜이부리각코 … 15개
　｜크림치즈, 마요네즈 … 각 1큰술

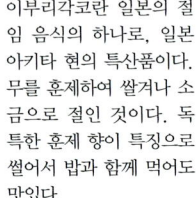

이부리각코란 일본의 절
임 음식의 하나로, 일본
아키타 현의 특산품이다.
무를 훈제하여 쌀겨나 소
금으로 절인 것이다. 독
특한 훈제 향이 특징으로
썰어서 밥과 함께 먹어도
맛있다.

① 접시에 아보카도를 담아
　소금, 후추를 뿌리고
　A를 섞은 다음 올린다.

토르티야 치즈구이,
아보카도와 파프리카

토르티야와 살사와 치즈. 맥주를 부르는
최고의 궁합을 자랑하는 조합입니다.
거기에 아보카도의 감칠맛과 치즈의 농후함까지.
컬러풀한 야채를 올리는 것으로
제대로 된 한 접시가 완성돼요.

● 재료(2인분)

토르티야 칩 ⋯ 20개

시판용 살사 소스 ⋯ 4큰술

피자 치즈 ⋯ 1/2컵

A ｜ 아보카도(씨와 껍질을 제거하여
　　 1cm 각으로 썬다. 46쪽 참조) ⋯ 1/2개
　　 파프리카(빨간색, 1cm 각으로 썬다) ⋯ 1/2개
　　 고수(잘게 썬 것) ⋯ 1큰술
　　 소금, 타바스코 ⋯ 약간

① 내열 그릇에 토르티야, 살사, 치즈순으로 올리고
　　예열시킨 오븐 토스터로
　　노릇해질 때까지 7~8분 굽는다.

② 섞은 A, 찢은 고수 잎(있는 경우, 분량 외)을
　　올린다.

살사 소스는 잘게 다진
토마토, 양파, 피망 등을
타바스코와 레몬즙에 절
인 것이다. 멕시코 요리
에는 빠질 수 없는 조미
료.

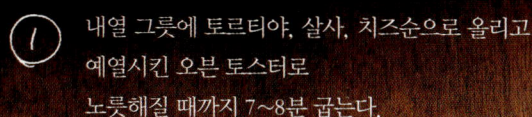

53

두묘,
연근칩,
카레가루

연근은 소금물에 담가 여분의 수분을 빼는 것과
저온의 기름으로 중불에서 지긋이 튀기는 것이 중요합니다.
이 두 가지를 지키면 깜짝 놀랄 정도로 바삭바삭해져요.
여기에 카레가루를 뿌리면
두묘를 더욱 맛있게 먹을 수 있답니다.

● 재료(2인분)

두묘*(길이를 3등분하여 자른다) … 1봉지
연근(얇게 썰고 물에 씻는다) … 1뿌리(150g)
A | 소금 … 1/2큰술
　 | 물 … 1과 1/4컵
튀김용 기름 … 적당량
카레가루 … 1/2작은술

① 연근은 A에 담가 30분 두고,
키친타월로 물기를 닦은 후
저온(160℃)의 기름에서 뒤집으면서
거품이 생기지 않을 때까지
중불에서 튀긴다.

② 접시에 담은 두묘에 올리고
카레가루를 뿌린다.

연근은 160℃의 저온의
기름에 넣어 지긋이 수분
을 날리듯 튀기는 것이
포인트. 거품이 생기지
않으면 바삭하게 튀겨졌
다는 신호이다.

●두묘: 완두콩 싹

경수채,
치즈가루를 뿌린
살라미

채친 살라미에 드레싱과 치즈가루를 뿌리고
경수채와 어우러지도록 하는 것이 중요해요.
상추, 어린잎 채소, 루콜라로 만들어도 좋아요.

● 재료(2인분)

경수채(3~4cm 길이로 자른다) … 1/2묶음

살라미(채친 것) … 10장

A │ 치즈가루 … 2큰술(완성용으로 조금 남겨 둔다)
  │ 화이트와인 비니거(혹은 식초), 올리브유 … 각 1/2큰술
  │ 소금, 굵게 간 후추 … 약간

굵게 간 후추 … 약간

① 볼에 A를 넣어 섞고 살라미를 넣어 버무린다.
접시에 담은 경수채에 올리고
나머지 치즈가루와 후추를 뿌린다.

두묘,
참치와 멘츠유,
고추냉이

깔끔한 맛의 두묘로 만드는 샐러드이기 때문에
참치에 마요네즈를 넣어 감칠맛을 높였습니다.
살짝 나는 고추냉이의 향이 중독성 있어요.

● 재료(2인분)

두묘(길이를 3등분하여 자른다) … 1봉지

참치캔(기름기를 가볍게 없앤다) … 작은 것 1캔(80g)

A │ 멘츠유*, 마요네즈 … 각 1큰술
  │ 고추냉이 … 1작은술

① 볼에 A를 넣어 섞고 참치를 넣어 버무린다.
접시에 담은 두묘에 올린다.

●멘츠유: 설탕을 베이스로 육수와 간장, 미림으로 만든 일본 간장의 일종.
소바, 우동, 소면 등 면 요리에 사용하는 것으로, 조림이나 튀김에 찍어 먹는 용도로도 사용한다.

어린잎 채소, 땅콩, 고추기름

고소하게 볶은 땅콩에 고추기름의 매콤함이 더해졌어요.
매운 음식을 잘 못 먹는다면 고추기름 양의 반은 참기름으로 대신해 보세요.

상추, 튀긴 만두피, 칠리 소스

만두피는 차가운 기름에 넣어서 기포가 생기지 않을 때까지 튀기면
이보다 더 바삭바삭할 수 없답니다.
나머지는 스위트 칠리 소스를 얹기만 하면 OK.

● 재료(2인분)

어린잎 채소 … 1봉지
땅콩 … 5큰술
고추기름 … 1/2큰술
소금 … 약간

① 프라이팬에 땅콩을 넣어 중불에 올리고
약간 노릇노릇해질 때까지 볶은 다음 고추기름을 두른다.
접시에 담은 어린잎 채소 위에 올리고 소금을 뿌린다.

● 재료(2인분)

상추(한입 크기로 찢은 것) … 3장
만두피(4등분으로 자른 것) … 10장
시판용 스위트 칠리 소스 … 3큰술
샐러드유 … 적당량

① 프라이팬에 5mm의 샐러드유와
만두피를 넣어 중불에 올리고, 기
포가 생기지 않을 때까지
바삭하게 튀긴다.

② 접시에 담은 상추에 올리고
칠리 소스를 뿌린 다음
만두피를 섞으면서 먹는다.

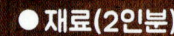
포인트

만두피는 차가운 기름
에 넣어 튀기면 바삭바삭
해진다. 저온(160℃)으
로 가열하여 튀기면 만두
피가 속까지 다 익지 않
을 수도 있다. 기포가 생
기지 않을 때까지 튀기는
것이 포인트.

양하,
참기름에 버무린
갓나물

향이 좋은 양하로 만드는 멋스러운 한 접시입니다.
갓에 두반장을 넣어 맛에 포인트를 주었어요.
양하 대신 파를 사용해도 맛있습니다.

● 재료(2인분)

양하●(세로로 반 잘라 얇게 썰고 물에 씻는다) … 3개
A 갓나물(소금에 절인 것을 씻어서 채친 것) … 3/4컵(100g)
　　볶은 깨, 참기름 … 각 1큰술
　　두반장 … 1/2작은술

① 접시에 섞어 둔 A를 담고 물기를 없앤 양하를 올린다.

●양하: 생강목에 속하는 식물로 독특한 향이 특징이다.

양상추, 아보카도,
유즈코쇼에 버무린
대구알

대구알에 유즈코쇼를 뿌려 매콤하게 하고,
레몬즙의 향도 더했습니다.
부드럽게 녹는 듯한 식감의 아보카도와 잘 어울려요.

● 재료(2인분)

양상추(잘게 썬 것) … 1/3개
아보카도(씨와 껍질을 제거하고
　빗살 모양으로 썬다, 46쪽 참조) … 1개
A 대구알(껍질을 제거한 것) … 45g
　　레몬즙, 올리브유 … 각 2작은술
　　유즈코쇼● … 1/2작은술

① 접시에 양상추를 담고 아보카도를 올린 다음 섞어 둔 A를 뿌린다.

●유즈코쇼: 유자 향이 나는 페이스트 형태의 후추

새송이버섯, 마늘과 파슬리 소스

향기롭게 구운 새송이버섯에
마늘 파슬리 소스를 더해
에스카르고풍으로 만든 샐러드.
마요네즈 덕분에 식어도 촉촉하고 맛있어요.

● 재료(2인분)

새송이버섯(세로로 4등분하여 자르고
　반으로 자른다) … 4개
파슬리(잘게 다진 것) … 1/2컵(큰 것 1뿌리)

A ｜ 마늘(아주 잘게 다진 것) … 2쪽
　｜ 빨간 고추(송송 썬 것) … 1개
　｜ 버터 … 20g

B ｜ 마요네즈 … 2큰술
　｜ 소금 … 약간
샐러드유 … 약간
레몬 … 적당량

① 프라이팬에 샐러드유를 얇게 바르고
새송이버섯을 강불에서 노릇노릇하게 구운 다음
접시에 담는다.

② 프라이팬에 A를 넣어 약불 위에 올리고
색이 옅게 구워지면 불을 끄고 파슬리, B를 섞는다.
❶에 올리고 레몬을 곁들인다.

무, 갓나물과 벚꽃새우의 참기름 무침

● 재료(2인분)

무(필러로 얇게 썰고 물에 씻는다) … 10cm

A ｜ 갓나물(소금에 절인 것을 물에 씻어 잘게 다진 것)
　｜ … 3/4컵(100g)
　｜ 생강(다진 것) … 1쪽
　｜ 벚꽃새우 … 3큰술
　｜ 참기름 … 2큰술
　｜ 간장 … 1/2작은술

① 접시에 물기를 없앤 무를 담고 섞어 둔 A를 올린다.

한 가지 요리가 더 필요할 때

4 미니 샐러드 토핑

야채가 좀 부족한 것 같을 때 빠르게 만들 수 있는
미니 샐러드 토핑을 소개합니다.
나물이나 절임 음식을 토핑으로 올려도 좋지만,
맛있는 재료가 올라간 한 접시라면
틀림없이 밥이 술술 넘어갈 거예요.

양상추, 짜사이, 생강

짭조름한 짜사이에 생강으로
향과 매운맛을 더했습니다.
고춧가루나 후추를 뿌려도 좋아요.

● 재료(2인분)

양상추(한입 크기로 찢은 것) … 1/4개

A 간이 된 짜사이 … 30g

　생강(채친 것) … 1쪽

　간장 … 1/2작은술

 접시에 양상추를 담고
　섞은 A를 올린다.

양배추, 참기름에 버무린 명란젓

명란젓을 큼직하게 잘라
존재감을 돋보이게 하면 더욱 맛있어 보여요.
거기에 고소한 참기름 향까지.
밥과 잘 어울리는 샐러드입니다.

● 재료(2인분)

양배추(채친 것) … 2장

A 명란젓(1cm 폭으로 자른 것) … 45g

　파(잘게 썬 것) … 3cm

　참기름 … 1/2작은술

　굵게 간 후추 … 약간

 접시에 양배추를 담고
　섞어 둔 A를 올린다.

양배추, 멸치, 시바즈케

양배추, 유카리, 벚꽃새우

야채는 볶은 양배추나
전자레인지로 익힌 감자를 사용해도 괜찮습니다.
시바즈케의 국물을 더하면 맛에 깊이가 생겨요.

유카리의 풍미와 짭짤한 맛,
벚꽃새우의 향이 샐러드를 풍성하게 만들어 줘요.
기름을 약간 넣으면 부드러워진답니다.

● 재료(2인분)

양배추(한입 크기로 크게 찢은 것) … 2장

A | 멸치 … 4큰술
  | 시바즈케•(얇게 썬 것) … 2큰술
  | 시바즈케 국물(있는 경우) … 1작은술

● 재료(2인분)

양배추(한입 크기로 크게 찢은 것) … 2장

A | 유카리• … 1/3작은술
  | 벚꽃새우 … 3큰술
올리브유 … 1/2작은술

① 접시에 양배추를 담고
  섞어 둔 A를 올린다.

● 시바즈케: 말린 무를 간하여 누룩, 설탕, 미림에 절인 것

① 접시에 양배추를 담고 A를 올린 후
  올리브유를 뿌린다.

● 유카리: 붉은 차조기로 만든 후리카케(밥에 뿌려 먹는 가루 식품)

61

오이, 게맛살, 생강 멘츠유

멘츠유+생강+가다랑어포는
어디에 뿌려도 맛있는 만능 소스입니다.
오이와 잘 어우러진답니다.

● 재료(2인분)

오이(막대로 두드려서 한입 크기로 자른 것) … 1개
게맛살(결대로 찢은 것) … 2개
A │ 멘츠유• … 1큰술
  │ 생강(다진 것) … 1쪽
  │ 가다랑어포 … 5g

 접시에 오이를 담고 게맛살을 올린 후
섞어 둔 A를 뿌린다.

● 멘츠유: 설탕을 베이스로 육수와 간장, 미림으로 만든 일본 간장의 일종.
  소바, 우동, 소면 등 면 요리에 사용하는 것으로, 조림이나 튀김에 찍어 먹는 용도로도 사용한다.

오이, 마요네즈 명란젓, 김

명란젓과 마요네즈는 너무 많이 섞지 않도록 하고,
봤을 때 마블 상태인 정도가 좋아요.
구운 김과 참기름을 뿌리면 맛있어요.

● 재료(2인분)

오이(막대로 두드려서
  한입 크기로 자른 것) … 1개
A │ 명란젓(껍질을 벗긴 것) … 45g
  │ 마요네즈 … 1큰술
김(찢은 것) … 작은 것 5장

 접시에 오이를 담고
대충 섞은 A와 김을 올린다.

소금과 참기름으로 간이
된 고소한 김은 밥은 물
론 무침이나 샐러드, 스
프 등에 넣어도 잘 어울
린다.

당근, 한펜, 폰즈, 유즈코쇼

부드러운 식감의 한펜을 손으로 잘게 찢어 식감이 매우 신선해요. 유즈코쇼의 향이 살아 있는 폰즈를 뿌리면 당근도 맛있게 많이 먹을 수 있습니다.

● 한펜: 어묵의 일종으로 으깬 생선살에 마를 갈아 섞어 넣고 조미하여 반달 모양으로 삶은 것
● 유즈코쇼: 유자 향이 나는 페이스트 형태의 후추

● 재료(2인분)

당근(슬라이서로 얇게 채친 것) … 1/4개
한펜●(잘게 찢은 것) … 1개
A │ 폰즈 간장 … 1큰술
　　유즈코쇼● … 1/2작은술

1 접시에 한펜을 담고 당근을 올린 후 섞어 둔 A를 뿌린다.

● 재료(2인분)

방울토마토(반으로 자른다) … 10개
A │ 크림치즈(1cm 각으로 자른다) … 40g
　　매실장아찌(두드려 다진 것), 마요네즈 … 각 1/2큰술

1 접시에 방울토마토를 담고 A를 섞어 올린다.

방울토마토, 매실 크림치즈

새콤달콤한 방울토마토에 매실 크림치즈를 올렸어요. 마요네즈를 넣어 감칠맛을 더했습니다.

● 재료(2인분)

경수채(3cm 길이로 자른다) … 1/4묶음
톤부리● … 3큰술
A │ 볶은 깨(간 것), 멘츠유 … 각 2큰술
　　식초, 참기름 … 각 1작은술

1 접시에 경수채를 담고 톤부리를 올린 다음 섞어 둔 A를 올린다.

경수채, 톤부리, 참깨 소스

볶은 깨를 갈고 멘츠유를 섞어 깔끔한 맛의 참깨 소스를 만들었습니다. 톤부리의 톡톡 터지는 식감이 재있어요.

● 톤부리: 댑싸리의 열매를 가공한 것

톤부리는 '밭의 캐비어'라고도 불리는 댑싸리의 열매. 낫토, 아보카도와 섞거나 김 조림, 고추냉이와 버무려도 맛있다.

피망, 염장 다시마, 멸치

피망은 얇고 짧게 썰어
구부러진 모양을
부드럽게 하는 것이 포인트.
양배추나 당근으로도
만들어 보세요.

● 재료(2인분)

피망(가로로 채친 것) … 4개
참기름 … 1/2작은술
A 염장다시마 … 2꼬집
멸치 … 2큰술

① 내열 그릇에 피망을 올리고 참기름을
뿌린 후 랩을 씌워 전자레인지로
1분 가열한 다음 섞는다.
접시에 담고 A를 올린다.

아스파라거스, 삶은 달걀, 칠리 소스

슬라이스한 삶은 달걀을 올리는 것만으로 샐러드가
풍족해 보여요. 칠리 소스를 넣어 매콤합니다.

● 재료(2인분)

그린 아스파라거스(길이를
반으로 자른다) … 6개
반숙 삶은 달걀(3등분하여
둥글게 자른다) … 2개
소금 … 약간
시판용 스위트 칠리 소스
… 2큰술

① 내열 그릇에 아스파라거스를 올리고 물 1/2큰술을 뿌린 다음
랩을 씌워 전자레인지로 1분 30초 가열한다.
접시에 담은 후 삶은 달걀을 올리고 소금과 칠리 소스를 뿌린다.
※ 반숙 삶은 달걀은 실온에 둔 달걀을 끓는 물에 넣고,
다시 끓어오르면 8분 삶은 후에 찬물에 담가 식힌다.

토마토, 시바즈케, 폰즈

● 재료(2인분)

토마토(7~8mm 두께로 둥글게 썬 것)
… 작은 것 2개
시바즈케*(잘게 다진 것) … 3큰술
A 폰즈 간장 … 1작은술
올리브유 … 1/2큰술

① 접시에 토마토를 담고
시바즈케를 올린 후
A를 순서대로 뿌린다.

아삭아삭하고 맛있는
시바즈케는 샐러드의 재료로도
활용할 수 있어요.
올리브유 대신에
참기름을 뿌려도 돼요.

●시바즈케: 말린 무를 간하여 누룩, 설탕, 미림에 절인 것

브로콜리 고추냉이 마요네즈 무침, 멸치

강낭콩, 고추장 초된장, 땅콩

우선 브로콜리를 고추냉이 마요네즈에 버무려서
맛을 들여 놓는 것이 중요해요.
멸치와 고추냉이, 역시 환상의 궁합이네요.

고추장을 넣은 초된장은 다양하게 사용할 수 있는 소스예요.
파나 마늘을 넣어 회에 뿌려 먹어도 좋아요.

●재료(2인분)

브로콜리(작게 나눠서 물에 담근다) … 1/2개

A | 마요네즈 … 2큰술
　 | 고추냉이 … 1/2작은술

멸치 … 2큰술

1. 내열 그릇에 물기를 가볍게 없앤 브로콜리를 올리고
랩을 씌워 전자레인지로 2분 30초 가열한 다음
그대로 1분 쯤 둔다.
물기를 없애고 A로 버무린 후,
접시에 담아서 멸치를 올린다.

●재료(2인분)

강낭콩 … 20개

A | 고추장 … 2작은술
　 | 된장, 물 … 각 1작은술
　 | 식초, 설탕 … 각 1/2작은술

땅콩(굵게 다진 것) … 3큰술

1. 내열 그릇에 강낭콩을 올리고 물 1큰술을 뿌린 다음
랩을 씌워 전자레인지로 2분 가열한다.
물기를 없애서 접시에 담고
섞어 둔 A를 뿌린 후 땅콩을 올린다.

무, 연어, 겨자 마요네즈

무의 씹는 맛과 겨자의 알싸함이 포인트로 뒷맛이 깔끔해요.
연어 프레이크와 마요네즈로
볼륨감 있는 샐러드 한 접시 완성.

● 재료(2인분)

무(5mm 두께로 둥글게 썰고 채친 것) … 5cm

A | 연어 프레이크(병 제품) … 3큰술
　 | 마요네즈 … 1/2큰술
　 | 겨자 … 1/2작은술

① 접시에 무를 담고 섞은 A를 올린다.

무, 카레가루, 올리브유, 푸른 차조기

무는 가능한 한 얇게 썰어요.
나머지는 조미료를 순서대로 넣기만 하면 됩니다.
양배추, 구운 아스파라거스, 버섯 등도 활용해 보세요.

● 재료(2인분)

무(반달 모양으로 얇게 썬 것) … 5cm

A | 소금 …1/4작은술
　 | 카레가루 … 1/2작은술
　 | 올리브유 … 1작은술

푸른 차조기(찢은 것) … 5장

① 접시에 무를 담고 A를 순서대로 뿌린 다음
푸른 차조기를 올린다.

5 반찬
샐러드 토핑

냉장고에 보관해 두면 꺼내서
바로 먹을 수 있는 반찬 샐러드.
매일 식탁에 올리거나 도시락 반찬으로도 활용할 수 있어요.
야채에 올리기만 하면 샐러드 한 접시 완성.
밥이나 면에 올려도 맛있는
반찬 샐러드 토핑을 소개합니다.

닭가슴살

소금을 넣어 맛을 응축시킨
닭고기를 야채와 함께
전자레인지로
가열하기만 하면 돼요.
전자레인지에 돌려 생긴 육수를
닭고기에 발라 보관하면
촉촉하고 맛있는 상태가
유지된답니다.

● 재료(2인분)

닭가슴살(껍질을 제거한 것) ··· 3장(450g)

소금 ··· 1큰술

A | 파의 파란 부분(두껍게 썬 것) ··· 1대분
  | 생강 껍질 ··· 2쪽분
  | 청주 ··· 1큰술

 닭고기는 소금을 문질러 넣어 2시간~하룻밤 재운다.
물기를 닦고 내열 그릇에 올린 다음 A를 넣고 랩을 씌워 전자레인지로 7분 가열하고 그대로 식힌다.
※ 보관할 때는 야채는 빼고 닭육수째로 용기에 넣어 보관한다. 냉장실에서 1주일 정도 보관 가능하고,
잘게 찢어서 지퍼백에 평평하게 펼쳐 넣으면 냉동실에서 한 달 정도 보관 가능하다.
볶음, 스프, 춘권의 재료 등으로 사용해도 좋다.

포인트

닭고기는 야채를 올려 전
자레인지에 돌린 다음 랩
을 씌운 채로 식혀 촉촉
하게 한다. 닭고기를 찢
어 놓으면 건조하여 퍼석
퍼석해지기 때문에 덩어
리째로 육수를 묻혀 보존
하도록 한다.

미역과 생강을 올린 닭가슴살

넉넉한 양의 미역으로 만드는
깔끔한 맛의 건강한 샐러드입니다.
토핑으로 올라가는 생강이 포인트예요.

● 재료(2인분)

염장 닭가슴살(잘게 찢은 것) … 1장분
염장 미역(물에 5분 담갔다가 꺼내
   먹기 쉬운 크기로 자른다) … 50g
A ┃ 식초 … 1작은술
   ┃ 올리브유 … 1큰술
   ┃ 간장 … 1/2작은술
생강(채친 것) … 1쪽

① 접시에 닭가슴살을 담고 A로 버무린 미역과 생강을 올린다.

파와 고수를 올린 닭가슴살

향이 좋은 야채를 참기름으로 버무렸어요.
후추나 고춧가루를 뿌려 양념을 더해 보세요.

● 재료(2인분)

염장 닭가슴살(잘게 찢은 것) … 1장분
A ┃ 파(4cm 길이로 채치고
   ┃ 물에 씻은 후 물기를 없앤다) … 1/2대
   ┃ 고수(잎은 뜯고 줄기는 송송 썬다) … 4줄기
참기름 … 2작은술

① 접시에 참기름으로 버무린 A를 담고 닭가슴살을 올린다.

톳 ◎ 카레마요 볶음

톳은 보통 고추장이나 간장과 같은
양념으로 무쳐 먹는 것이
일반적이지만, 카레가루를
사용하여 무치면 색다른 맛에
밥이 절로 넘어가요.
화이트와인으로 잡냄새를 없애고,
마요네즈로 볶아
감칠맛을 더하는 것이 포인트.

● 재료(5~6인분) *약 4컵분

톳(건조, 물에 담가둔 것) … 1컵(60g)

로스햄(반으로 잘라 채친 것) … 5장

A | 양파(잘게 다진 것) … 1/2개
  | 마늘, 생강(간 것) … 각 1쪽

화이트와인 … 3큰술

B | 케첩 … 3큰술
  | 카레가루 … 1큰술
  | 소금 … 1작은술

마요네즈 … 4큰술

① 프라이팬에 마요네즈 분량의 반과 A를 넣어 약불로 볶고
부드러워지면 물기를 없앤 톳과 햄을 넣어 중불에서 2~3분 볶는다.

② 화이트와인을 뿌리고 끓인 다음
남은 마요네즈와 B를 넣고 국물기가 없어질 때까지 볶는다.

※ 식으면 용기에 넣어 보관한다. 냉장실에서 1주일 보관할 수 있고,
지퍼백에 평평하게 넣어 냉동실에서 한 달 정도 보관할 수 있다.
양상추, 양배추, 토마토 외 밥이나 파스타에 올리거나
볶음밥 재료로 사용해도 좋다.

튀긴 두부에 올린
톳 카레마요 볶음

안주로도 먹기 좋은 한 접시입니다.
피자 치즈를 올려 오븐 토스터로 구워도 맛있어요.

● 재료(2인분)

톳 카레마요 볶음 … 1/2컵
튀긴 두부 … 1모

① 튀긴 두부는 오븐 토스터로 노릇노릇
하게 굽고 먹기 쉬운 크기로 자른다.
전자레인지로 1분 데운 톳을 올린다.

당면에 올린
톳 카레마요 볶음

면과 같이 후루룩 먹어 보세요.
오이나 자색 양파를 넣어 먹어도 좋아요.

● 재료(2인분)

톳 카레마요 볶음 … 1컵
녹두당면(건조, 뜨거운 물에 5분 담갔다가
　씻어서 물기를 짠다) … 60g
쪽파(송송 썬 것) … 2뿌리

① 접시에 당면을 담고 톳과 쪽파를 올린다.

대만식 돼지고기 볶음

간 고기는 다 풀어지지 않고
약간 뭉쳐져 있는 편이
씹는 맛이 있어 좋아요.
간장을 약간 많이 넣고 바짝 조려
오향분을 넣으면
본격 대만식 음식 완성.

● 재료(5~6인분) ※약 4컵분

간 돼지고기 … 500g
A ┃ 양파(잘게 다진 것) … 1/4개
　 ┃ 마늘(잘게 다진 것) … 1쪽
간장 … 1/2컵
B ┃ 청주 … 3큰술
　 ┃ 설탕 … 1큰술
　 ┃ 오향분 … 1/2작은술
　 ┃ 후추 … 약간
샐러드유 … 2큰술

① 냄비에 샐러드유, A를 넣어 약불에 올리고 노릇노릇하게
색이 입혀지기 시작하면 간 고기를 넣어 강불로 볶고,
부슬부슬해지면 간장을 둘러 넣어 2분간 바짝 조린다.

② B를 두르고, 물 2컵을 넣어 약불에서 뚜껑을 덮지 않고
국물기가 적어질 때까지 30분 조린다.
※ 식으면 용기에 넣어 보관한다. 냉장실에서 10일간 보관 가능하고,
지퍼백에 평평하게 넣어 냉동실에서 한 달 보관 가능하다.
밥이나 면에 올려 먹어도 맛있다.

오향분은 팔각, 계피, 회
향, 정향, 산초 등을 섞은
중국의 향신료이다. 소량
으로도 복잡하고 개성적
인 향이 퍼진다. 고기와
생선의 잡냄새 제거할 때
나, 튀김 등에 사용한다.

채친 양배추에 올린
대만식 돼지고기 볶음

볶은 고기와 함께 국물도 뿌리는 것이 요령이에요.
삶은 달걀도 얹으면 넉넉한 한 접시가 완성돼요.

● **재료(2인분)**

대만식 돼지고기 볶음 … 1/2컵
양배추(채친 것) … 4장
삶은 달걀(얇게 썬 것) … 1개

① 접시에 양배추를 담고
전자레인지로 2분 데운 돼지고기와
삶은 달걀을 올린다.

삶은 숙주나물에 올린
대만식 돼지고기 볶음

담백한 숙주나물도 고기의 맛과 오향분의 향이 더해지면
맛있는 한 접시의 샐러드로 변신.

● **재료(2인분)**

대만식 돼지고기 볶음 … 1/2컵
숙주나물 … 1봉지
고수 잎(있는 경우) … 약간

① 내열 그릇에 숙주나물을 올리고 랩을 씌워 전자레인지로
2분 가열한 후 물기를 확실히 제거하여 접시에 담는다.
전자레인지로 2분 데운 돼지고기, 고수 잎을 올린다.

연근 조림

연근은 강불에서 노릇하게 구우면
향이 더해져 훨씬 맛있어요.
약간의 미림을 첨가한
연근 소금 조림입니다.

● **재료(5~6인분)** *약 3컵분

연근(반달 모양으로 얇게 썬 것) … 2뿌리(300g)

A │ 소금 … 1/2큰술
  │ 미림 … 2큰술

참기름 … 2큰술

 프라이팬에 참기름을 둘러 가열하고
연근을 강불에서 노릇노릇하게
5~6분 볶은 다음 A를 넣어
국물이 없어질 때까지 볶는다.
※ 식으면 용기에 넣어 보관한다.
　냉장실에서 3~4일 보관 가능하고,
　지퍼백에 평평하게 넣어
　냉동실에서 한 달 보관 가능하다.
　어린잎 채소 등 부드러운 잎채소,
　향이 있는 쑥갓이나 파,
　미역에 올려 먹어도 맛있다.

경수채에 올린 연근 조림

● **재료(2인분)와 만드는 법**

접시에 3cm 길이로 자른 경수채 1/4묶음을 담고
연근 조림 1컵을 올린 후 볶은 깨를 약간 뿌린다.

달걀
장조림

간장과 미림이 같은 양으로 들어간
달콤한 맛의 달걀 장조림입니다.
달걀 대신 메추리알을 사용하면
보기에도 귀여워요.

● 재료(5~6인분)

달걀 … 6개

A │ 간장, 미림 … 각 2큰술
  │ 물 … 1/2컵

① 달걀은 실온에 두었다가 끓는 물에 넣고,
  다시 끓어오르면 6분 삶고
  찬물에 담가 식힌 다음 껍질을 깐다.

② 작은 냄비에 A를 넣어 한소끔 끓이고,
  열기가 가시면 ❶과 함께
  플라스틱 케이스에 넣어
  반나절 이상 재운다.
  ※ 냉장실에서 일주일 보관 가능하다.
    구운 버섯 위에 올려 먹어도 좋다.

삶은 강낭콩에 올린
달걀 장조림

● 재료(2인분)와 만드는 법

① 강낭콩 10개는 반으로 잘라 내열 그릇에 올리고
  물 1/2큰술을 뿌린 다음 랩을 씌워 전자레인지로 2분 가열한다.
  물기를 없애고 접시에 담아 소금을 조금 뿌리고
  반으로 자른 달걀 장조림 두 개를 올린다.

버섯 마리네이드

강불로 구워 향을 내는 것이 포인트입니다.
마지막에 넣는 와인 비니거가
맛 전체를 끌어내 줍니다.

● 재료(5~6인분) ※약 4컵분

만가닥버섯(찢은 것) … 작은 것 2팩
잎새버섯(찢은 것) … 작은 것 2팩
표고버섯(세로로 4등분하여
　자른다) … 6개
마늘(두드려 다진 것) … 2쪽
빨간 고추(비스듬하게
　반으로 자른 것) … 2개
소금 … 1/2큰술
후추 … 약간
화이트와인 비니거 … 3큰술
올리브유 … 3큰술

① 프라이팬에 올리브유, 마늘을 넣어 약불에 올리고 색이 옅게 올라오면
빨간 고추를 넣어 한 번 볶고 마늘과 고추를 빼낸다.

② 계속해서 버섯을 넣어 뒤집개로 누르면서 강불로 노릇노릇하게 굽고,
분량의 소금 반과 후추를 뿌린다.
용기에 넣고 ❶을 다시 가져와 나머지 소금과 비니거를 섞는다.

※ 냉장실에서 4~5일 보관 가능하다.
지퍼백에 평평하게 넣어 냉동실에서 한 달 보관 가능하다.
양상추나 어린잎 채소에 올려 먹어도 좋다.

구운 닭고기에 올린 버섯 마리네이드

● 재료(2인분)와 만드는 법

① 닭가슴살 1장은 소금, 후추를 약간씩 문질러 바른다.
샐러드유 1/2큰술을 가열시킨 프라이팬에서 껍질부터
중불로 노릇노릇하게 굽고, 뒤집어서 뚜껑을 닫고 5~6분 구운 다음
불을 끄고 2분 뜸 들인다. 잘라서 접시에 담고
버섯 마리네이드 1컵을 올린 후 파슬리를 잘게 다져 뿌린다.

6

밤늦게 먹어도 부담 없는

야식
샐러드 토핑

퇴근이 늦어지면서 덩달아 늦어진 저녁 식사.
배는 고프지만 제대로 차려 먹기엔 조금 부담스럽죠.
그럴 때 안성맞춤인 샐러드입니다.
두부나 해조류, 버섯을 사용해 건강하고,
빠르게 만들 수 있어 좋아요.
고픈 배도, 기분도 만족시킬 수 있는
한 접시입니다.

미역귀와 소면,
오크라, 폰즈

약간 적은 듯한 소면에 미역귀를 넣어 양을 늘렸어요.
오크라를 부드럽게 삶아 올리면 부드럽게 엉겨
새로운 맛으로 완성된답니다.

●재료(2인분)

미역귀(간이 되어 있지 않은 것) … 80g

소면 … 100g

A 오크라(부드럽게 삶아 손으로 찢은 것) … 10개
   파(굵게 다진 것) … 5cm

B 폰즈 간장 … 4큰술
   참기름 … 1작은술

1 소면은 뜨거운 물에 삶고 찬물로 씻은 후 물기를 짠다.
   미역귀와 섞어 접시에 담고
   섞어 둔 B를 뿌린 다음 A를 올린다.

당면, 참치, 콘을 사용한 냉라면

겨자 소스와 당면을 이용해 냉라면을 만들었어요.
야채가 메인인 것처럼 듬뿍 올려 주세요.
채친 야배추, 당근으로 만들어도 맛있어요.

●재료(2인분)

녹두당면(건조, 뜨거운 물에 5분 담갔다가
　물에 씻어 물기를 짠다) … 60g

A ｜ 오이(비스듬하게 얇게 썰어 채친 것) … 1개
　｜ 참치캔(기름기를 가볍게 없앤다) … 작은 것 1캔(80g)
　｜ 스위트콘 … 1/2컵

B ｜ 간장 … 1과 1/2큰술
　｜ 식초 … 1큰술
　｜ 설탕, 겨자, 참기름 … 각 1작은술

① 접시에 당면을 담고 A를 올린 후
　섞어 둔 B를 뿌린다.

수송나물과 소면, 카레맛 낫토

면과 수송나물을 함께 삶고,
그 위에 카레 양념을 한 낫토를 올렸어요.
소송채, 시금치, 채친 당근 위에 올려도 좋아요.

●재료(2인분))

수송나물(길이를 반으로 자른다) … 1팩

소면 … 50g

A ｜ 낫토 … 80g
　｜ 자색 양파(혹은 양파, 잘게 다진 것) … 1/4개
　｜ 간장 … 1큰술
　｜ 카레가루 … 1작은술
　｜ 육수 … 3큰술

① 수송나물과 소면은 뜨거운 물에 함께 삶고
　찬물에 씻어 물기를 짠다.
　접시에 담고 섞어 둔 A를 올린다.

새송이버섯 볶음, 어린잎 채소

새송이버섯은 국물이 생길 때까지
지긋이 기다렸다가 뒤집으면
깜짝 놀랄 정도로 향긋하게 구워져요.
간장과 유즈코쇼로
심플하게 맛을 낸 샐러드입니다.

● 재료(2인분)

새송이버섯(적당한 크기로 세로로 썬 것)
　… 2~3개
A ｜ 청주 … 1큰술
　　 간장 … 1작은술
　　 유즈코쇼● … 1/2작은술
참기름 … 1/2큰술
어린잎 채소 … 1봉지

● 유즈코쇼: 유자 향이 나는 페이스트 형태의 후추

① 프라이팬에 참기름을 둘러 가열시키고 새송이버섯을 강불에서
　 노릇노릇하게 구운 다음, 섞어 둔 A를 두른다. 접시에 담고 어린잎 채소를 올린다.

팽이버섯과 만가닥버섯 폰즈, 가다랑어포

버섯에 폰즈와 빨간 고추를 송송 썰어 넣어
전자레인지에 돌리면 맛이 확 살아나요.
간 무와 가다랑어포까지 넣으면 더욱 맛이 깊어진답니다.

● 재료(2인분)

팽이버섯(길이를 3등분하여 자른다)
　… 작은 것 1봉지
만가닥버섯(찢는다) … 작은 것 1팩
A ｜ 폰즈 간장 … 3큰술
　　 빨간 고추(송송 썬 것) … 1개
B ｜ 무 간 것(물기를 가볍게 뺀다) … 10cm 분량
　　 가다랑어포 … 1팩(5g)

① 내열 그릇에 버섯과 A를 넣고
　 랩을 씌워 전자레인지로 3분 가열한다.
　 접시에 섞은 B를 담고 그 위에 국물째로 올린다.

고추냉이와 멘츠유를 넣은 참마와 꼬시래기, 푸른 차조기

몸의 상태를 정돈해 주는 참마를
면과 같이 먹을 수 있게 만들었어요.
끈끈한 꼬시래기가 속을 말끔하게 해 줘요.

●재료(2인분)

참마(슬라이서로 채친 것) … 10cm

꼬시래기(간이 되지 않은 것) … 1/2컵(50g)

A │ 멘츠유● … 1/4컵
　 │ 고추냉이 … 1/2작은술

푸른 차조기(채친 것) … 5장

① 접시에 참마와 꼬시래기를 섞어 담고,
　 합쳐 둔 A를 뿌린 다음 푸른 차조기를 올린다.

●멘츠유: 설탕을 베이스로 육수와 간장, 미림으로 만든 일본 간장의 일종.
　소바, 우동, 소면 등 면 요리에 사용하는 것으로, 조림이나 튀김에 찍어 먹는 용도로도 사용한다.

말린 무의 씨겨자 무침, 무순

씨겨자로 버무려 신선한 맛이에요.
무순을 넣어 무의 향기를 두 배로 느낄 수 있습니다.

●재료(2인분)

말린 무 썬 것 … 2꼬집(20g)

A │ 씨겨자, 간장 … 각 1/2큰술
　 │ 육수 … 4큰술

무순(길이를 3등분하여 자른다) … 1팩

① 말린 무는 비벼 씻고
　 물에 잠길락 말락 하게 15분 담갔다가
　 꺼내서 물기를 짠 후,
　 먹기 좋은 크기로 잘라 A로 버무린다.
　 접시에 담은 무순에 올린다.

두부,
톳의 참기름
김치 무침

우선 톳에 참기름을 버무려
물비린내를 잡아주는 것이 포인트입니다.
농후한 김치와 함께
식물섬유와 미네랄이 가득 함유된 톳을 듬뿍 먹을 수 있어요.

● 재료(2인분)

두부(물기를 닦은 것) … 1모(300g)
톳(건조) … 1큰술
참기름 … 1작은술
김치(큼직하게 썬 것) … 1/2컵(100g)

① 톳은 물에 담갔다가 빼서 뜨거운 물에 빨리 데치고, 물기를 없앤 다음
참기름, 김치순으로 넣어 버무린다.

② 접시에 담은 두부 위에 올린다.

미역나물,
파,
고춧가루

조미료를 넣는 순서는 참기름, 소금, 간 마늘입니다.
향이 확 살아나서 맛있게 완성된답니다.

● 재료(2인분)

염장 미역(물에 5분 담갔다가 꺼내서
　한입 크기로 썬다) … 50g
A ｜ 참기름 … 2작은술
　｜ 소금 … 1/4작은술
　｜ 마늘(간 것) … 약간
파(5cm 길이로 채치고 물에 씻은 다음
　물기를 없앤다) … 1/3대
고춧가루 … 약간

① 볼에 미역을 넣고 A를 순서대로 넣어 버무린다.
　접시에 담아 파를 올리고 고춧가루를 뿌린다.

두부,
토마토의
유즈코쇼 무침

유즈코쇼와 올리브유로 버무린 매콤한 토마토가 맛있어요.
국물도 남김없이 다 드세요.

● 재료(2인분)

두부(물기를 닦은 것) … 1/2모(150g)
토마토(5mm 폭의 반달 모양으로 썬 것) … 작은 것 2개
A ｜ 간장, 올리브유 … 각 1작은술
　｜ 유즈코쇼• … 1/2작은술
쪽파(송송 썬 것) … 2뿌리

① 볼에 A를 넣어 섞고 토마토를 넣어 버무린다.
　접시에 담고 두부를 큼직하게 뜯어 올린 다음
　A의 남은 국물과 쪽파를 뿌린다.

● 유즈코쇼: 유자 향이 나는 페이스트 형태의 후추